AF457769

Henri de MONPEZAT
DÉLÉGUÉ ÉLU DE L'ANNAM
AU CONSEIL SUPÉRIEUR DES COLONIES

CE QUE JE PENSE DU PROJET DE DÉCRET PRÉSENTÉ PAR M. LÉON PERRIER, MINISTRE DES COLONIES SUR LE RÉGIME DES CONCESSIONS EN INDOCHINE

**C'est la mort certaine,
mais non sans phrases, de la colonisation
française en Indochine**

IMP. LA VOLONTÉ INDOCIHNOISE

8° L^10 K
1087

ALIMENTATION GÉNÉRALE

CONSERVES, VINS, LIQUEURS, CHAMPAGNES

ET MOUSSEUX DE TOUTES MARQUES

E. VIDAL

52, Rue Paul-Bert — HANOI

Téléphone : 239 — *Adr. tél.* : Vidal Hanoi

■

Agent général pour la vente en Indochine des

TABACS ET CIGARETTES JOBERT

Médaille d'Or Exposition Hanoi 1903

■

PRODUITS RECOMMANDÉS

Champagne et vins mousseux **Ch. Roeder**, Reims. Huile d'olive extra superfine **J. de Brie & C°** Bordeaux. **Salambo.** Vin fin de Bordeaux aux fruits frais. **Ovomaltine.** Aliment naturel tonique. Reconstituant puissant. **Jemalt.** Paillettes d'huile de foie de morue au malt sans goût.

Vins de table rouge **Médoc** et blanc **Preignac. Lebègue** à Margaux

Conserves alimentaires de la Maison **Dalidet** de Bordeaux — Grandes liqueurs **Bardinet** — Rhum **Négrita** — Cucarao **Chypre** — Quinquina « **La Panthère** » — Confitures **Moureaux** — Vins fins **Turpin** — Pâtes alimentaires « **Italia** » Les seules qui gonflent par orgueil d'être les meilleures — Beurre **Lepelletier**. Qualité supérieure. Le moins cher.

Expéditions à l'intérieur, en France et à l'étranger

S[té] NOUVELLE DES PHOSPHATES DU TONKIN

Siège social : 51, Rue d'ANJOU - PARIS

Direction & Usine à HALY-HAIPHONG

PH. 15/17 — **PH. 19/21**

PH. 21/26 — **PH.K**

PH. "S" — **PH. KA**

Chlorure de Potassium de la Société Commerciale des Potasses d'Alsace (80 o/o de chlorure, 50 o/o de potasse)

Guano du Tonkin — Autres engrais sur commande.

Comptoirs d'Extrême - Orient

S.A. POINSARD & VEYRET

AGENTS GENERAUX

POUR

l'Indochine et le Yunnan

BANQUE DE L'INDOCHINE

Privilégiée **Fondée en 1875**

Capital : 72.000.000 de francs

Réserve au 30 Juin 1927 : Frs 85.500.000

CONSEIL D'ADMINISTRATION :

Président : M. Stanislas SIMON, Président du Conseil d'Administration de la Cie des Chemins de Fer de l'Indochine et du Yunnan.

Vice-Président : M. Paul BOYER, Président du Comptoir National d'Escompte de Paris.

Directeur Général : M. René THION DE LA CHAUME, ancien Inspecteur des Finances.

Siège social : *96, Bd Haussmann, PARIS VIIIème*

SUCCURSALES ET AGENCES :

CHINE	INDOCHINE	AUTRES SIÈGES
Canton	Battambang	Bangkok
Fort-Bayard	Cantho	Djibouti
Hankéou	Haiphong	Noumea
Hongkong	Hanoi	Papeete
Mongtzeu	Nam-Dinh	Pondichéry
Pékin	Phnom-Penh	Singapore
Shanghai	Saigon	
Tientsin	Tourane	
Yunnanfou	Vinh	
	Quinhon	

CORRESPONDANTS *dans toutes les parties du monde*

TOUTES OPÉRATIONS DE BANQUE, CHANGE et TITRES — LOCATION DE COFFRES-FORTS

(Renseignements sur demande)

Adresse Télégraphique : « **INDOCHINE** »

Télép. : **Hanoi : N°497**
Haiphong : 26
Nam-Dinh : 90
Vinh : 45

Banque Franco-Chinoise

Pour le Commerce et l'Industrie

Siège social : *74, Rue Saint-Lazare — PARIS*

Capital entièrement versé. .	50.000.000 Francs
Fonds de roulement remis par la Banque Industrielle.	50.000.000 Francs
Réserves	15.304.965 Francs

PARIS — LYON — MARSEILLE —
PÉKIN — SHANGHAI — TIENTSIN —
HONGKONG — CANTON

CORRESPONDANTS dans tous les principaux centres commerciaux du monde

AGENCES EN INDOCHINE :

SAIGON — PHNOM-PENH — HAIPHONG — HANOI — VINH — TOURANE — QUINHON

Bureaux à Hué et à Thanh-Hoa

AGENCE DE HANOI : 25-27, RUE PAUL BERT

Toutes opérations de Banque sur tous les pays du monde

GRANDS MAGASINS REUNIS

HANOI

Même maison à Saigon : Grand Magasins Charner

Les magasins les mieux assortis
Le plus beau choix
Les meilleurs prix

Nous recommandons tout particulièrement à votre attention le rayon d'

ALIMENTATION

dans lequel un écoulement rapide de nos marchandises nous permet de ne présenter que des produits de première fraîcheur aux prix les plus réduits.

Demandez nos catalogues

« *C'est la mort certaine, mais non sans phrases de la colonisation française en Indochine* ».

H. de M.

Le Département des Colonies a élaboré un projet de décret réglementant le régime des concessions en Indochine, qui a été soumis à l'examen des Assemblées élues de la Colonie.

Ce très long document soulève des critiques innombrables et de tout ordre. Il n'y a aucun mérite à les formuler. La plupart s'imposent déjà à tous les esprits réfléchis. J'ai cru cependant utile de dresser la liste complète et consciencieuse de nos griefs et de mettre en lumière l'étrange esprit de persécution qui anime contre nous le gouvernement métropolitain. Au risque d'être presqu'aussi long que le décret lui-même, j'ai évité autant que possible toute omission grave. Je me suis attaché, dans cette extraordinaire « abondance des matières » a introduire quelque clarté. Dans ce but, j'ai divisé en paragraphes mon réquisitoire.

§ I — La Phobie de la spéculation

Je note d'abord que la spéculation ne me paraît pas toujours illicite ni nuisible. Il est juste que des hommes connaissant depuis longtemps le pays, l'ayant prospecté, puissent toucher une prime sur les bons coins qu'ils ont découverts, parfois au prix de rudes fatigues. Tout le monde y peut gagner : les capitalistes auxquels de longues recherches sont épargnées ; le pays dont la mise en valeur est plus rapide ; enfin l'Etat, grâce à la vente de ces terres ignorées et à leur inscription aux rôles de l'impôt. Est-il juste que seul l'inventeur de ces terrains ne gagne rien ? Certains Etats d'Amérique ne l'ont pas pensé. Aussi la mise en valeur de ces pays neufs s'est-elle accomplie avec une rapidité qui a étonné le vieux monde. Ceux que nous flétrissons du nom de *spéculateurs* sont considérés là-bas comme des animateurs, des intermédiaires utiles, des commis-voyageurs en terres. Ils sont intéressés à ce que ces terrains ne restent pas improductifs.

8° Lk¹⁰ 1087

La spéculation n'est un danger économique que si les terres qui en font l'objet peuvent être soustraites à la mise en valeur pour une longue période et sans profit pour la collectivité. Or aucune de ces deux conditions ne pouvait exister en Indochine, grâce à la législation que le projet de décret prétend remplacer. Ne fallait-il pas d'abord payer les terrains, et ces terrains, s'ils n'étaient pas cultivés en un laps de temps très court, n'étaient-ils pas enlevés à leur imprudent acquéreur et ne faisaient-ils pas retour au domaine ? Dans ces conditions, il n'y avait rien à redouter de la spéculation et c'est une comédie que de partir en guerre contre un péril devenu imaginaire, grâce aux précautions déjà prises. On m'accordera en tout cas que le législateur n'avait aucun besoin d'accumuler un stock aussi varié et aussi abondant d'armes spéciales. Il suffira d'en donner la liste, dut-on en oublier quelques unes, pour convaincre le lecteur impartial que l'abus de ces foudres superflues a été poussé jusqu'au ridicule : qu'on en juge.

Article 1 : Les terrains ne peuvent être accordés qu'à des personnes justifiant de moyens suffisants pour leur mise en valeur rationnelle.

Article 6 : L'administration conserve la faculté d'apprécier l'opportunité de l'attribution des terres domaniales et est seule juge des motifs du refus.

Article 7 : Toute substitution de personnes ou de sociétés tout transport de droits relatifs aux terrains provisoirement concédés doivent être motivés et agréés à peine de nullité par l'autorité qui a statué sur la concession des terrains. Admirons en passant que si l'autorité ne motive pas, ce qui sera uniquement de sa faute, c'est le concessionnaire qui sera responsable. Ces cessions ne pourront être consenties à un prix supérieur au montant des dépenses engagées par le concessionnaire provisoire.

Article 18 : Le délai total de mise en valeur ne peut dépasser trois ans pour les lots de moins de 100 hectares, cinq ans pour les lots de 100 à 500, dix ans pour ceux supérieurs à 500 hectares.

Pour les concessions de plus de 100 ou 500 hectares si après trois ou six années la moitié au moins n'a pas été mise en valeur la portion non cultivée fera retour au domaine.

Pour tout homme de bon sens, l'article 18 à lui seul rend toute spéculation sur les terrains impossible. (1) Un spéculateur, sous peine de courir le grand risque de perdre le prix de l'acquisition doit avant d'acheter être sûr de pouvoir revendre immédiatement avec bénéfice. Condition bien difficile en cas d'adjudication ou de marché de gré à gré, tous systèmes comportant une publicité réelle et même large. Comment supposer qu'un acheteur qui, malgré cette publicité, n'a trouvé au moment de l'achat aucun concurrent devant lui, va, dans un laps de temps très court, alors qu'on le sait pressé par l'échéance fatale, dénicher un autre acheteur bénévole qui lui donnera un bénéfice ? On peut être sûr en tout cas que ce bénéfice sera modeste.

---

(1) On peut objecter qu'en fait les dispositions fixées par les textes pour le retour au domaine des concessions provisoires n'ont pas toujours été observées. L'administration a cru devoir souvent accorder des prolongations. Mais rien n'empêche qu'il en soit désormais autrement. La législation minière nous en donne la preuve. Le périmètre réservé, que l'on peut assimiler très exactement à une concession provisoire, retourne automatiquement au domaine, le lendemain du jour où le délai de trois années est arrivé à expiration. La loi est formelle et il n'appartient pas à l'administration d'accorder un délai de faveur. Même si elle le voulait, elle ne le pourrait pas. Il faut que le concessionnaire provisoire, ou si l'on veut, le titulaire du permis ait, avant l'expiration du délai, rempli les obligations et formalités que lui impose la loi. Sinon, il est dépossédé sans autre forme de procès : tous ses droits disparaissent, sans aucune notification, sans que l'administration ait à s'en occuper. Cette disposition en apparence brutale, a le grand mérite de rendre tout favoritisme impossible. Aussi n'a-t-elle provoqué aucune protestation. Comme on le verra plus loin, la législation du sous sol est libérale, mais d'autre part ses sanctions sont impératives et par conséquent opérantes. Cette législation convient au pays. Elle y a fait ses preuves. Elle a amené de beaux résultats. Je voudrais qu'on s'inspirât de son esprit pour la législation du sol. Rien ne serait plus facile. Par exemple on n'aurait qu'à tenir un registre public des concessions provisoires, comme on le fait pour les périmètres réservés. Le concessionnaire provisoire qui, à l'expiration des délais, n'aurait pas adressé une demande de propriété définitive, serait, *ipso facto*, privé de ses droits, comme il arrive au titulaire d'un périmètre réservé. Si par contre la demande en propriété a été faite, les droits sont maintenus jusqu'au moment où il a été statué sur ladite demande. Et, suivant la décision le concessionnaire devient propriétaire de tout ou partie de la concession demandée ; mais le reste fait automatiquement et inévitablement retour au domaine.

H. M.

Veut-on par surcroît joindre aux garanties de l'article 18 la possibilité du *veto* administratif, si, dans un cas qui ne peut être qu'exceptionnel, l'administration flaire une spéculation, ce dont la dite administration est seule juge ? Soit, à la rigueur. Mais là doivent se borner les défenses légales, et elles existaient sous le précédent régime. Un supplément de formalités, de précautions, d'obligations, de contraintes, de pénalités est partaitement injustifié et revèlerait chez le législateur un défaut de pondération, une étroitesse d'esprit, une mentalité persécutrice de méfiance tracassière qui justifieraient toutes les résistances. Sous prétexte que deux ou dix précautions valent mieux qu'une, un tribunal ne condamne pas un prévenu à la fois à la décapitation, à la potence et à l'électrocution. Un geolier ferait preuve d'autant de stupidité que de méchanceté si, à un prisonnier déjà rivé à la barre de justice et pourvu de menottes, il s'avisait de passer encore une cangue et une camisole de force. Ainsi la garantie accessoire représentée par la nécessité pour les concessionnaire d'établir leur capacité financière apparaît superfétatoire, et comme elle comporte des inconvénients, elle est nettement abusive. Si le colon manque à ses obligations, il perdra le prix payé pour l'acquisition de la propriété des terres. N'est-ce pas suffisant.

L'exigence supplémentaire de l'administration est déjà inadmissible en principe. Elle se trouve aggravée par le fait que les ressources dont le colon doit faire preuve dépassent de beaucoup les nécessités de la mise en valeur. Je reviendrai sur ce point.

§ II — Phobie de l'accaparement

Ici encore le législateur donnera à ceux qui ignorent tout du pays une idée avantageuse de sa vertu.

Le décret interdit à toute société, si puissante qu'elle soit, de posséder plus de 15.000 hectares dans toute l'Indochine. Pourquoi, si une société au capital de 15 millions peut mettre en valeur 15 mille hectares, une société possédant 30 millions ne pourrait-elle cultiver 30 mille hectares ? Craint-on à bref délai le manque de terres disponibles ? Nous aurions été bien coupables alors de lâcher pour rien la rive droite du Mékong.

Hélas ! nul de nous ne peut se flatter de voir un jour l'Indochine en valeur, même approximativement. Tel est pourtant le but à atteindre et le plus tôt sera le mieux. Craint-on que la part laissée à nos sujets et protégés soit trop faible ? On devrait lire *Le Temps* au ministère : on y verrait que notre part dans la colonisation agricole du pays reste bien faible. Sans parler des terres possédées par les indigènes avant notre intervention, ceux-ci, depuis, cette intervention ont certainement acquis vingt fois plus de terres nouvelles que nous. Même en Cochinchine, où un effort français exceptionnel a été réalisé durant ces dernières années, sur près de 900.000 hectares de concessions récentes, les Annamites en possèdent les cinq sixièmes. Encore les Français généralement entreprennent-ils des plantations dites à rendement *différé*, pour parler le langage du décret, hévéas et cafés, sur des terrains spéciaux peu recherchés des indigènes, sagement fidèles à la culture du riz. Loin de prendre leurs terres, la paix française leur en a donné le double. S'il y a eu d'injustes évictions du plus faible par le plus audacieux, ces abus ont été commis par les Annamites aux dépens des Cambodgiens. Aussi plusieurs provinces khmers sont devenues annamites ; œuvre de conquête et de spoliation qui avait commencé avant nous. Laissons divaguer Cachin. Les spoliateurs, ce ne sont pas les Français. Et voici qu'aujourd'hui nous ouvrons aux indigènes l'immense interland où jadis ils n'osaient pénétrer et que la cour de Hué ne reconnaît pas comme sien. Plus tard, bien plus tard, ce peuple qui aura doublé encore aura la ressource de coloniser les autres colonies françaises, et déjà nous enregistrons dans ce sens, un essai malheureusement prématuré et qui le restera tant qu'il y aura ici trop de terres disponibles.

Brimer la colonisation française sous prétexte de favoriser la colonisation annamite que nul ne songe à entraver, c'est donc une mauvaise politique non seulement contre l'Indochine mais contre tout le domaine colonial Français.

C'est surtout le peuplement français qui devrait solliciter toute l'activité gouvernementale, car seul il a besoin d'encouragement puisque nous sommes ici à peine 25.000 français, c'est-à-dire même pas 5000 colons agriculteurs, en face de 20 ou 25 millions d'indigènes et que Madagascar compte déjà 70.000 Français au regard de 4 ou 5 millions de natifs. Or on verra dans le décret ce souci constant et absurde, véritable obsession, d'éviter un prétendu accaparement de terres par les Français au détriment des Annamites, représentés, par un burlesque travestissement de la vérité historique, comme d'éternelles victimes.

Je ne retiens maintenant que la limitation à 15000 hectares, avec des dispositions puériles, pour empêcher que les lots soient d'un seul tenant. En d'autres pays, des lois agraires groupent au contraire les parcelles éparses. On comprendrait mieux la limitation à 15000 hectares pour chaque pays de l'Union. On éviterait ainsi un grave risque. Les plantations françaises ne sont pas encore confirmées par le temps. Qui dit qu'un jour ne viendra pas où une culture donnant aujourd'hui de belles espérances, et même de bons résultats, sera ruinée par une maladie soudaine. De tels malheurs se sont produits en certains pays. Des sociétés puissantes, opérant dans tous les pays de l'Union pourraient résister à une catastrophe localisée en un seul de ces pays.Le député Archimbaud dans son dernier rapport, préconisait les grandes sociétés et parlait de la compagnie des Indes. Pense-t-on que cette compagnie se serait contentée de 15.000 hectares? Mais déjà certains colons possèdent de tels domaines. On se fait en France une idée bien fausse des revenus que ces domaines peuvent représenter. Sans parler des grandes entreprises d'élevage, dans le genre des entreprises américaines, et qui sont impossibles ici en raison de la peste, mais qui deviendront possibles, à la condition de disposer de parcours considérables, dès que le vaccin sera trouvé, et il l'est au Japon, un domaine de rizières de 15.000 hectares, exploité sous la forme de métayage, et c'est la seule pratique, ne peut guère donner plus de 100.000p. C'est plus d'un million de francs en moyenne. Mais hors les régions privilégiées, il faudra bien pour créer un tel domaine une vingtaine de millions de francs, avec de l'ordre. Nous sommes loin des beaux rendements des cultures *différées*, mais les risques sont moindres... Qu'arrivera-t-il théoriquement quand en 10 années au plus tard la concession sera en valeur ? La société devra arrêter son activité, se contenter d'entretenir son domaine, renoncer à tout développement et au moment où elle bénéficie d'une précieuse expérience acquise. Si incroyable que soit cette conception, le décret est formel. Je cite l'article 12 : « *En cas de dépassement pour un motif quelconque le droit de propriété serait transformé en possession trentenaire. Au bout de ces trente ans les terres retourneront au domaine* ». Quoi, même en cas d'héritage, même au cas où on serait forcé d'acheter une terre pour atteindre le montant d'une hypothèque consentie sur elle ? Parfaitement. Le droit commun est violé ; mais ce n'est pas hélas le seul exemple, même dans l'article 12.

Je cite encore : *Au moment du retour au domaine, les installations immobilières donneront lieu à une indemnité* **égale à la moitié de leur valeur**. Encore faut-il qu'elles soient *en bon état et reconnues utiles à l'exploitation, ce dont l'administration est seule juge !* C'est le vol légalement organisé sans ombre de pudeur...

Aussi aura-t-on peu de scrupules à tourner cette loi odieuse : Or rien ne sera plus facile. Des financiers se feront un jeu de monter une ou plusieurs sociétés nouvelles. Sans doute ils éviteront de faire appel trop directement aux mêmes actionnaires. Dans la composition de ces sociétés les moins armées, les représentants de la petite épargne, pâtiront peut être. Les requins, si c'est aux requins qu'on en veut, savent passer sans effort à travers des filets plus solides. Ainsi les Sociétés seront légalement, et même réellement, différentes : seuls les gros financiers se retrouveront parmi les actionnaires et surtout dans les conseils d'administration. Ce n'est pas aux gros que l'auteur du décret en veut sérieusement. Nous en donnerons plus loin d'autres preuves.

§ III — En faveur des gros financiers

Il y a bien quelques dispositions sentant la démagogie moscoutaire. Ainsi l'article 8 dispense de certaines exigences les concessionnaires de terrains de faible étendue susceptibles d'être mis en valeur par un effort individuel et familial. Interdiction d'employer un ouvrier. Cachin applaudira, mais nul Français ne profitera de cet humanitarisme de chiqué, et comme nous le verrons, les indigènes ont mieux dans leur loi royale. Ce fumet socialiste et même bolcheviste pour être aussi apparent ailleurs, est entièrement superficiel et dissimule mal un programme qui ne revèle aucune tendresse pour les humbles. Voici comment sont traités nos compatriotes sans importance. Je cite article 10: « *Des particuliers peuvent être autorisés à entreprendre à leurs risques et périls la reconnaissance de certains terrains d'accès difficile et à effectuer des travaux de prospection. Mais en cas d'attribution d'un lot découvert à un concurrent celui-ci n'aura à rembourser au prospecteur que lesdits travaux et encore dans la mesure où ils auront directement profité au lot adjugé et dans une limite maxima. De plus ce droit au remboursement pur et simple n'est qu'éventuel, l'administration n'étant pas obligée de mettre en vente, le lot découvert* ». On pense bien que les malheureux prospecteurs ne seront pas des banquiers. Ceux-ci se contenteront de dépouiller à coups de piastres les pauvres bougres qui auront trimé dans la brousse. Et ces derniers n'auront pas un sou de bénéfices, heureux de ne pas en être de leur poche.

Cette disposition odieuse se retrouve dans l'article 17. Varenne lui-même ne l'avait pas admise. Il laissait un droit de préférence à l'inventeur. Celui-ci pouvait obtenir le lot qu'il avait découvert pour le prix atteint à l'adjudication. Cette disposition qui n'est pas d'une excessive générosité, doit au moins être maintenue.

Sinon, qui ne voit que la petite et la moyenne colonisation seront frappées à mort et que seuls les capitalistes pourront ici acquérir des terres ? Alors que le petit colon débutant est bien forcé de se montrer économe de ses piastres, il importe peu à de gros financiers ou à des sociétés puissantes de payer les terres le double ou le triple de leur valeur en friche. Ces capitalistes, maîtres des adjudications imposeront leur loi, ils pourront s'emparer de toutes les terres mises en vente, et c'est peut être à eux qu'en fin de compte le modeste colon devra humblement s'adresser pour obtenir au prix fort, les lots que les grands seigneurs du nouveau monopole daigneront céder et qui ne seront pas les meilleurs. Il appartenait à un ministre de la République, soi-disant préoccupé d'éviter l'accaparement, de l'organiser sur des bases solides.

Il était cependant facile d'échapper à ce péril, sans compromettre les intérêts de l'Etat. Nous sommes en effet, on ne saurait l'oublier, dans une période de transition. A la gratuité des terres incultes vient de succéder l'attribution de ces terres à titre onéreux. Cette réforme a été décidée moins pour accroître les ressources de l'Etat qui profite déjà grâce à l'impôt de la mise en valeur des terres, que pour donner un caractère sérieux à la demande des concessions et obliger les demandeurs à cultiver les lots attribués sous peine de perdre les prix d'achat. Mais que ce prix d'achat soit plus ou moins élevé, cela importe peu pourvu que ce prix soit raisonnable. Il appartient donc à l'administration de fixer un minimum de prix. C'est précisément ce qu'elle fait en instituant un barême indiquant la valeur des terrains par catégories et par région.

Dès lors pourquoi ne pas admettre l'attribution à l'inventeur sur le prix du barême ? (1)

Je demande uniquement pour le sol le même libéralisme que pour le sous-sol. Je l'ai déjà dit, il suffit d'appliquer aux concessions agricoles les mêmes principes qu'aux concessions minières.

En matière de mines, on n'exige pas plus du prospecteur que du demandeur en propriété la preuve de sa fortune. On ne les soumet pas à l'adjudication. Il suffit de verser une somme fixe pour avoir un privilège de recherche pendant 3 ans. Ensuite une autre somme fixe vous assure la propriété. Là aucun favoritisme possible. On n'empêche pas un prospecteur ayant versé 100 francs, prix d'autrefois et aujourd'hui 400 francs de gagner ce qu'il pourra sur la vente de son périmètre de 3 kilomètres de côté. Cependant il ne s'est pas produit d'accaparement et le régime a donné d'excellents résultats.

Autre critique : Pourquoi le projet décret accorde-t-il 10 ans aux concessionnaires au dessus de 500 hectares et seulement 5 ans aux concessionnaires au dessous de 500 et 3 ans seulement pour 100 hectares ? Les moyens de mise en valeur sont en rapport avec l'importance du lot demandé.

L'interdiction pour les gros concessionnaires d'acheter les petites concessions enclavées dans leurs domaines expose les petits colons à ne pas trouver acquéreur si pour une raison quelconque ils sont obligés de vendre. Le gros

(1) Croit-on d'ailleurs que lorsque le consortium de *financiers* se sera arrangé pour organiser à son profit le monopole en fait inévitable, ledit consortium ne s'arrangera pas pour ne jamais dépasser les prix du barême ?

concessionnaire aura barre sur eux et payera d'autant moins qu'il n'aura théoriquement la propriété que pour trente années.

La limitation à 15.000 hectares se retournera ainsi contre les petits puisque les gros pourront tourner la loi.

§ IV — La législation proposée favorise tous les retards imaginables dans l'octroi des concessions

Je cite l'article 3 : « *Un plan de colonisation sera établi pour chacun des pays du groupe de l'Indochine faisant connaître les périmètres ouverts à la colonisation ou les régions réservées. Ces territoires destinés à être allotis par les soins de l'administration ceux où ne pourront pas être accordées les concessions gratuites prévues à l'article premier ou dans lesquelles elles devront être limitées aux maxima de 20, 50 ou 100 hectares. Les plans de colonisation seront établis par les chefs d'administration locale assistés des conseils locaux et commissions locales au journal officiel et aux bulletins administratifs etc.* Voilà des formalités extrêmement longues et cependant certaines demandes de concession attendent depuis plus de trois ans ! Il en est de même pour article 9 que voici « *L'attribution des concessions devra être sanctionnée : par décret sur le rapport du ministre des colonies après avis du Gouverneur Général en conseil de Gouvernement de la Commission de colonisation de l'Indochine et avis de la Commission des concessions coloniales et du Domaine, en ce qui concerne plus de 4000 hectares. Par arrêté pris par le Gouverneur Général etc. — Lorsque la superficie des terrains demandés ajoutée à celle des terrains déjà détenus à titre de concession provisoire ou définitive dépassera 1000 ou 4000 hectares il sera statué dans la forme prescrite pour les concessions dépassant 1000 ou 4000 hectares* ». La procédure exige des conditions préalables de publicité. Offres ou demandes doivent être inscrites par ordre de dates sur un registre ouvert auprès des chefs d'aministration locale — publiées à l'officiel et aux bulletins administratifs, affichés en langue française ou indigène au lieu de la situation des terrains et dans les villages limitrophes. Aucune adjudication ne pourra avoir lieu avant l'expiration d'un délai de 2 mois après l'accomplissement de ces formalités. Or qui donc est responsable de l'accomplissement de ces nombreuses formalités ? C'est l'administration mais elle en prend à son aise. Sous le régime passé infiniment moins formaliste il me fallut 10 ans après le procès-verbal de mise en valeur, l'intervention énergique du Gouverneur Général, pour obtenir une concession définitive. Il importe de toute nécessité que le décret édicte des délais impératifs pour chaque groupe de formalités.

§ V — Exigences excessives souvent illégales

L'article 8 règle la question de la capacité financière qu'il faut prouver. Pour certaines cultures les plus coûteuses celles dites à rendement différé les capitaux disponibles à justifier ne devront pas être inférieurs au tiers de la somme nécessaire à la mise en valeur totale etc. Chiffre abusif en fait comme la prétention l'est en principe. J'ai connu des colons qui ont réussi et auraient été fort embarrassés, au moment où ils se sont établis dans la brousse et où ils ont commencé à défricher leurs terres, s'il leur avait fallu prouver qu'ils disposaient de capitaux appréciables. Un de mes amis dont la propriété vaut aujourd'hui plus de quatre millions de francs et en donne la rente à plus de 15 % n'avait pas 3000p. quand il a débuté dans le métier de colon. Mais il était actif et économe : il faisait flèche de tout bois. Très connaisseur en bœufs et en chevaux, il réalisait en faisant le commerce de ces animaux un bénéfice de près de mille piastres par mois. Il fournissait aussi de la chaux, des briques, des bois d'œuvre et de chauffage. Il entreprit même des routes à forfait. Il est aujourd'hui assez riche et possède un renom justifié de scrupuleuse honnêteté. Sa réussite fut, il est vrai, le résultat d'un constant paroli. Mais il abandonnait peu au hasard et ce n'était qu'après une sérieuse étude qu'il risquait dans une nouvelle affaire ses piastres laborieusement et proprement gagnées. On pourrait croire qu'il s'agit d'une exception : on se tromperait. Je pourrais citer d'assez nombreux exemples. Pourquoi faut-il que ces braves gens aient une faiblesse, à mes yeux peu compréhensible ? La plupart seraient vexés si l'on disait d'eux. « *Il a été pauvre, et il ne doit sa très belle aisance qu'à son travail* ». C'est cependant tout à leur honneur. Je voudrais me garder des arguments sentimentaux. Je ne demanderai donc pas s'il est digne d'une démocratie d'exiger que pour avoir le droit d'acquérir une terre qui n'appartient à personne, qui ne sert à rien, de lui consacrer son intelligence et son labeur, il soit indispensable de prouver qu'on appartient à la classe des gens qui possèdent déjà une fortune assez élevée. Une telle exigence de la part du législateur, pourrait être justifiée, s'il n'y avait pas d'autres garanties contre la spéculation et contre une spéculation à caractère dangereux. Nous avons vu que tel n'était pas le cas. Et nous avons vu aussi que certaines qualités d'initiative, d'énergie, de persévérance, pouvaient dans une mesure fort appréciable, compenser la modestie des capitaux. Même s'il s'agissait d'un cas très rare, et il n'en est rien, le législateur aurait-il le droit d'écarter de tels hommes, armés de *l'aes triplex* et qui formeront ici, comme cela s'est produit en d'autres pays, une race dure et forte ? Croit-on que les Boers ou les Canadiens Français auraient pu montrer des capitaux quand ils se sont attaqués à des terres vierges — sans aucun soutien administratif, exposés à tous les dangers d'une faune et d'une humanité hostiles, désarmés contre les accidents ou la maladie ? On s'exclamera : il s'agit de colonies de peuplement. L'Indochine n'est pas une colonie de peuplement. Et on croira avoir affirmé ainsi une connaissance profonde de la question. En réalité, s'ils font labourer leurs terres par des ouvriers — comme il arrive d'ailleurs à bien des propriétaires en France — on se tromperait si l'on s'imaginait que le rôle de nos compatriotes qui s'établissent dans la brousse est purement intellectuel. Ils doivent mettre, comme on dit, la main à la pâte plus souvent qu'à leur tour, ne serait-ce que pour montrer à leurs gens, comment il faut s'y prendre. Et l'exercice que doivent se donner ici certains des nôtres suffirait à fatiguer même sous le climat de la métropole, des hommes jeunes et solides. Nous verrons à quelles erreurs le législateur a été entraîné par la manie d'éviter que la loi ne soit tournée grâce à la complaisance supposée de l'administration coloniale. Car c'est une caractéristique du décret que d'affirmer une méfiance générale : méfiance contre le colon, d'abord. Méfiance aussi contre le fonctionnaire qu'on a voulu lier et brider étroitement avec l'obsession visible de rendre impossible des collusions qu'on paraît croire habituelles dans l'administration coloniale. Celle-ci cependant ne mérite *ni cette indignité, ni cet excès d'honneur*. Car une telle situation supposerait en même temps que l'oubli du devoir professionnel chez les fonctionnaires une entente cordiale entre les diverses classes des Français de l'Indochine et cette entente n'est malheureusement pas la règle.

L'article 11 est un autre exemple d'**exigence excessive.**

« *Le cautionnement ne pourra être inférieur à 25 °/o du prix minimum de base porté au barème (art. 5) pour les concessions supérieures à 1000 hectares de 20 °/o de ce prix etc.* » Jamais dans les marchés de l'Etat un pareil pourcentage n'a été exigé pour les cautionnements.

Ici nous arrivons à une disposition stupéfiante et qui prouve que d'abord l'administration n'est pas pressée. « *Le prix de base devra rester confidentiel. S'il n'est pas atteint l'adjudication sera nulle. Une nouvelle adjudication aura lieu dans un délai minimum de 20 jours* (on ne fixe pas de délai maximum, pourquoi ?) Le prix de base restera toujours caché, mais il y a mieux. *S'il n'est pas atteint, l'administration pourra traiter de gré à gré avec l'un des soumissionnaires.* Il est vrai qu'elle ne pourra descendre au dessous du prix de base .Mais **elle aura le droit de traiter avec celui qui aura fait d'abord l'offre la plus faible.** On est en droit de croire que c'est pour en arriver à pouvoir pratiquer ce favoritisme éhonté que l'étrange article 11, disposant que le prix de base restera confidentiel, a vu le jour. En effet quel intérêt avouable l'administration a-t-elle à cacher ce prix **?** Aucun. Supposons qu'on veuille favoriser un vieil ami bien en cour, lui assurer le lot, à un prix assez élevé, mais moins élevé que s'il y avait eu véritable concurrence. C'est simple. Le vieil ami mettra une enchère fort basse. Son concurrent — il se peut qu'il n'en ait qu'un — ce qui serait mieux, ou ses concurrents surenchériront en principe. On leur annoncera après extinction des feux que le prix de base n'est pas atteint. Ce prix restera toujours confidentiel. Après une nouvelle comédie du même genre l'administration traitera de gré à gré avec son élu. Il aura fait l'enchère la plus basse. D'après le décret il n'importe.

Il ne faut pas de prix de base confidentiel, pur maquignonnage. Ou si on le maintient,il faut proposer immédiatement dès la première séance,un marché de gré à gré,à ce dernier prix, à celui qui aura fait l'offre la plus forte. Mais d'abord pourquoi le prix de base différerait-il du barême publié pour les diverses qualités de terrain dans chaque province ? Si ce barême est juste, l'administration ne peut sans arbitraire, ou en tout cas sans se déjuger, choisir un autre prix de base.

Article 12. — L'autorité concédante pourra toujours substituer la mise à bail au mode de concession à titre de propriété. Autrement dit l'administration fera ce qu'elle voudra suivant les têtes des colons. Au fond personne ne veut du bail emphytéotique. Ce système n'est pas dans nos mœurs. Il n'a été imaginé que pour permettre à un favori d'éviter le contrôle de la commission permanente dont j'étais et de payer une location de 10 sous pour 24000 hectares dont chacun valait 50 p. : soit une redevance annuelle de deux piastres pour mille piastres. Ce n'était pas cher, mais on ne rééditerait pas de pareils cadeaux du moins pour le commun des mortels.

Article 13. — *Sauf impossibilité, dûment constatée les terrains concédés ne peuvent avoir sur les voies de communications existantes, cours d'eau navigables ou flottables, canaux, chemins de fer et routes, ainsi qu'en bordure de la mer, les lagunes et les lais un développement supérieur au quart de leur périmètre total sur les voies ou nappes d'eau qui les bordent et au sixième de ce périmètre sur celles qui les traversent.* C'est insensé ! Imaginez un rectangle de 500 hectares traversé dans sa plus petite largeur, mille mètres, par un fleuve et une route, ce qui est fréquent. Les grands côtés ont cinq kilomètres, ce qui est déjà trop par rapport aux petits côtés d'un kilomètre seulement. Eh bien ! Il faudra encore diminuer les petits côtés à moins que, ce qui n'arrive jamais, le cours d'eau et la route soient tous deux en ligne droite et tous deux exactement perpendiculaires sur les petits côtés. Ce serait en effet la condition nécessaire pour que les longueurs de ces voies multipliées par six n'excèdent pas les 12 kilomètres du périmètre. Pendant ce temps les indigènes, en Annam ou au Tonkin, s'installent librement sans formalité, ni permission, ni réserve, ni restriction sur tous les points d'eau et deviennent ainsi propriétaires incommutables. Il leur suffit d'une déclaration. Comment la colonisation française pourrait-elle lutter contre cette inégalité désastreuse ?

Article 18. — Délais de mise en culture. En cas de force majeure ou de circonstances exceptionnelles les délais pourront être prolongés de 2 ans au plus : après avis de la commission et par décision motivée. Pourquoi cette limitation ? Elle est illégale. Si une région était ravagée par la guerre durant trois ans et occupée par l'ennemi les droits des concessionnaires deviendraient-ils caducs ? Il est absurde de vouloir limiter par avance la durée d'un cas de force majeure.

Article 19. — « Le cahier des charges pourra prévoir des avantages spéciaux à percevoir au profit de la colonie sous forme d'une redevance particulière sur des bases en rapport soit avec les superficies soit avec les quantités ou valeur des produits réalisés sur la concession au delà de certains chiffres... L'impôt foncier, et même la taxe de 2°/o ne suffisent plus. C'est l'inquisition socialiste rêvée par Varenne et à laquelle il dut renoncer devant la protestation générale. Oserait-on y soumettre les propriétaires de France ? Du moins M. Poincaré l'oserait-il ? Ses discours de Bordeaux et de Carcassone publiaient le contraire.

Il est vrai que M. Perrier n'en est pas à son premier acte d'obéissance aux socialises qui combattent le ministère dont il fait partie.

Article 20. — Les concessionnaires devront garantir leurs employés Européens contre les accidents du travail ; dans les mêmes conditions que celles dont ils bénéficieraient dans la métropole: Soit, mais encore faut-il qu'il y ait ici des sociétés d'Assurance, ou bien que l'Etat indochinois en fasse l'office. En ce qui concerne la main d'œuvre indigène, les concessionnaires, outre la stricte application de la législation en vigueur pour la protection de cette main d'œuvre, devront accepter certaines charges : Pourquoi ce supplément de frais n'est-il édicté que pour les concessionnaires alors que les autres propriétaires ou entrepreneurs sujets protégés, voire étrangers, en sont dispensés. La rédaction de l'article ne laisse aucun doute sur le caractère exceptionnel et arbitraire de la mesure. Plus loin, les concessionnaires sont tenus de « *n'employer que du personnel recruté par engagement écrit*», exception faites des travailleurs résidant déjà sur la concession ou à proximité. Donc impossibilité d'utiliser la main d'œuvre nomade qui, à certaines époques de l'année vient offrir ses services. Pour le repiquage par exemple ou la récolte du riz, elle vient parfois de très loin. Le colon sera dans l'impossibilité de planter et de récolter. Et qui en profitera ? Ce ne seront pas les malheureux nomades. Ils n'auraient qu'à crever de faim, s'ils n'avaient la ressource de travailler pour les propriétaires indigènes ou pour les Travaux publics ou pour les Chinois. C'est-à-dire pour tout le monde, sauf le concessionnaire. Suit une longue liste d'obligations coûteuses, rapatriement, soins médicaux etc, que nous sommes bien obligés, d'après les termes employés que nous soulignons « **outre l'application de la législation en vigueur** » de considérer comme une nouvelle aggravation exceptionnelle des charges du concessionnaire. Il ne s'agit pas ici d'une erreur de rédaction. Plus loin en effet la distinction est soulignée entre la loi commune et la loi draconienne imposée aux seuls concessionnaires.

Le décret parle en effet des sanctions pour infraction *à ces dispositions spéciales ou à la législation en vigueur pour la protection de la main d'œuvre indigène.*

Pour comble les clauses pénales vont jusqu'à **la** déchéance ! Tel est le respect des droits acquis. Vit-on jamais volonté de brimade s'affirmer plus cyniquement ? Cette brutalité légale est-elle indispensable comme ne manqueront pas de le dire les calomniateurs de nos colons ? Alors, il fallait être logique. La sanction féroce ne devait pas être édictée uniquement pour les concessions provisoires. Car pour les concessions définitives il faut aussi de la main d'œuvre et il faut que cette main d'œuvre soit humainement traitée. On y parvient aisément, l'administration le reconnait, sans la clause abusive et odieuse de la déchéance. Le texte même le prouve. Il en ressort que ce que cherche le législateur, c'est à maintenir sur la tête du concessionnaire provisoire une épée de Damoclès, et à pouvoir à tout instant, grâce à une ombre de prétexte. dépouiller ce malheureux.

Continuons notre examen : *L'administration pourra reprendre pendant 30 ans les terrains qui lui seraient nécessaires, (d'après son seul avis), si les terrains ne sont pas mis en valeur, moyennant la restitution de la partie du prix afférente à la superficie.* Disposition qui viole le droit et la simple probité. D'abord dans une concession les terrains n'ont pas en règle générale, la même valeur. En principe l'administration pourrait s'emparer des parties les plus fertiles et laisser les autres au concessionnaire. De plus on a vu ici en trois ou quatre ans, quelquefois moins, des terrains décupler de valeur. Cc pourrait être le cas de terrains encore incultes mais qui bénéficieraient de la mise en culture des terres voisines, des voies de communication ou des travaux d'irrigation ou de protection effectués sur ces terres voisines par le concessionnaire. Pourquoi sortir de la loi métropolitaine : l'expropriation pour raison d'utilité publique. Il est vrai que la clause en question existait déjà dans la législation des concessions. C'était un abus à supprimer. Voilà tout.

Article 22. *Autre violation du droit commun.* Le concessionnaire est tenu de se soumettre non seulement à la législation qu'on lui fait connaître mais par surcroît à toute réforme qu'il pourra plaire à l'administration d'édicter dans la suite des temps. Et ceci peu têtre bien grave. Les législateurs métropolitains peuvent changer, suivant les fantaisies passagères du suffrage universel. Il n'est pas bon que le législateur s'imagine avoir tous les droits sans qu'aucun frein vienne modérer le zèle souvent excessif des innovations doctrinaires. Nous avons vu aussi après la guerre des pays changer de domination : les vainqueurs étaient pourtant tenus de respecter les droits de propriété. Ils auraient été heureux de trouver dans les pays qu'ils occupaient une loi leur permettant en fait de légiférer suivant leur bon plaisir c'est-à-dire de dépouiller les vaincus.

On force le colon en Indochine à renoncer à un principe incontesté du droit français : le principe de la non rétroactivité des lois. C'est encore une violation de notre statut de Français. C'est toujours la volonté de nous lier par une législation d'exception. Que vaudrait devant les tribunaux cette acceptation qu'on nous impose par la contrainte, c'est-à-dire sous peine de ne pouvoir obtenir la moindre terre par voie de concession ? Il est probable que la Justice tiendrait pour nulle cette clause draconienne. C'est ainsi que les Cies de transport voient annuler les

articles contraires au droit commun qu'elles introduisent par un véritable chantage dans leurs connaissements. Admettons que le colon gagnerait son procès. Néanmoins il y aurait procès, c'est-à-dire ennuis et frais de toutes sortes. Si les prétentions de M. Perrier étaient prises au sérieux, le colon devenu concessionnaire définitif ne serait pas véritablement propriétaire, car il n'aurait pas les droits que la loi confère au propriétaire. Son bien serait grevé de servitudes inédites nombreuses et périlleuses. Ce bien aurait fatalement une valeur très inférieure à celle des mêmes terres sous forme de propriété régie par le droit commun Que ferait-on de plus en haut lieu si le but avoué était de dégoûter les colons ?

Autres entorses au droit commun. Que le concessionnaire ne puisse vendre pendant trente ans à des étrangers soit et même trente ans selon moi, ne suffisent pas. Cela compte peu dans la vie d'un peuple. Mais il faut au moins que le colon puisse vendre librement sa terre à ses compatriotes et qu'il n'en soit pas empêché par la fameuse limitation à 15000 hectares, dont la puissance nocive apparaît à chaque pas. On veut écœurer les sociétés concessionnaires en imaginant pour elles une législation arbitraire, inconnue en France comme dans les autres colonies, et même en extorquant à ces sociétés l'engagement inouï qu'elles se soumettront à des lois qui n'ont pas encore vu le jour. Nous sommes ici hors la loi. Par exemple *les actions devront rester nominatives tant que la concession ne sera pas définitive pour au moins la moitié de sa superficie Pendant cette même période la cotation en bourse, l'émission, l'exposition, la mise en vente, l'introduction sur le marché des titres susvisés devront être autorisées par le ministre des Finances après avis du ministre des Colonies.* Et comme sanction toujours la brutale déchéance ! C'est couper le crédit aux sociétés fondées sur le crédit et qui peuvent avoir besoin d'y recourir, surtout pendant la période provisoire, riche en surprises. On ne nous fera pas croire que l'affaire Mailhot, très spéciale et dont le principal scandale est son caractère exceptionnel, ne comporte des sanctions que contre les colons qui n'y sont pour rien et qui n'ont certes pas bénéficié de pareilles faveurs, ni que s'il est nécessaire de réformer la législation des sociétés, cette nécessité n'apparaisse qu'en Indochine. Etant

Français, nous avons l'outrecuidante prétention de vouloir être régis par les lois françaises. C'est à cette condition que les Français et les capitaux Français viendront en Indochine. On veut donc les en détourner.

Que dire encore de l'article 12 *permettant à l'administration en cas de retour au domaine de ne payer que la moitié de la valeur des installations et encore de celles qu'elle jugera utiles.* C'est le vol organisé par l'Etat. Qui voudra risquer ses fonds dans un pays rappelant la Russie soviétique ?

§ VI. — Faveurs incroyables octroyées à la colonisation indigène

Qu'on me pardonne ici une digression.

Les Annamites sont-ils hostiles à la „colonisation Française ?

Dans l'affirmative cette hostilité si elle existe est-elle un sentiment profond, sincère, répandu, enfin justifié ?

Constatons d'abord que ce sentiment aurait dû atteindre son maximum d'intensité à l'époque de notre conquête.

Or à ce moment et même longtemps après, il n'apparaît point qu'il ait existé.

Je serais presque tenté d'ajouter « *au contraire*

Ce fut en effet avec une heureuse surprise que l'indigène constata notre respect pour son droit de propriété.

Ce respect était pour les Annamites chose inouïe et totalement inconnue.

Leur premier soin avait été toujours d'exproprier les vaincus par les moyens les plus simples, c'est-à-dire les plus brutaux.

Très satisfaits d'être traités autrement par les vainqueurs, ils ne songeaient certes pas à leur reprocher de s'installer parfois sur des terres incultes, n'appartenant à personne.

En outre en raison des guerres perpétuelles et de la piraterie à l'état endémique, les terres même les meilleures n'avaient qu'une faible valeur.

Enfin l'indigène était malheureux et sans ressources. A un certain degré de misère et de souffrance, un peuple n'a pas le goût de la résistance, comme le soutiennent à tort de mauvais psychologues. Un peuple qui a faim n'a qu'un idéal, qui est de manger. Il y a bien quelques natures exceptionnelles et des réactions isolées. La masse ne les suit pas. Même pour être simplement frondeur, il faut une certaine prospérité.

Cette prospérité nous l'avons donnée aux indigènes de l'Indochine. Il ne faut pas s'étonner, il est humain que ces résignés de la première heure soient devenus réclameurs et protestataires. Je ne connais pas de meilleur indice du progrès général chez nos sujets et protégés. A l'époque où la plupart ne mangeaient pas à leur faim, ils ne songeaient pas à la liberté de la presse, ni au suffrage universel; ils ignoraient même le nationalisme et en particulier ce nationalisme agressif qui caractérise la soi-disant élite, formée, sauf quelques honorables exceptions, de ceux qui doivent le plus à la culture et à la générosité *françaises*.

J'ai dit pourquoi le philosophe ne saurait leur en vouloir.

Si j'ai parlé du nationalisme indigène, c'est que je suis convaincu que si, jusqu'à ce jour, ce sentiment n'a pas joué un grand rôle dans la question de la colonisation, il n'en sera pas de même à l'avenir.

A première vue il semble que l'hostilité que je prévois aurait dû se manifester d'abord en Cochinchine Française bien avant notre intervention en Annam et au Tonkin.

Mais il y avait en Cochinchine des étendues si formidables de terrains incultes, s'offrant à tout venant qu'aucune rivalité sérieuse ne pouvait exister entre les deux colonisations française et indigène.

C'était vrai aussi pour l'Annam, moins pour le Tonkin.

Mais la piraterie a sévi longtemps en ce dernier pays. La ruine des habitants y était plus complète. Les services que rendaient les colons devaient y être plus appréciés. Ils apportaient des capitaux, des buffles, des semences, des armes. Son installation dans les régions désolées fut considérée par les habitants comme un grand bienfait. Il faut lire à ce sujet les lettres de Galliéni.

Mais la prospérité vint aussi comme la fin des craintes quotidiennes qu'inspiraient les pirates. Malheureusement nos protégés cessèrent aussi de craindre notre justice. Il était tentant d'abuser de l'ignorance des uns et de l'aberration sentimentale des autres pour devenir propriétaire, sans bourse délier, de rizières en plein rendement. J'ai dit en un récent article que le gouvernement adoptant les doctrines de l'administrateur Morel, la colonisation par l'indigène seul, avait tout fait pour exproprier nos nationaux. Il ne faut pas s'étonner que les Annamites aient suivi ce mouvement venu d'en haut. Ils étaient beaucoup plus excusables que les sophistes qui rêvaient de rendre ce pays Français en n'y admettant que des fonctionnaires et des soldats. J'ai énuméré quelques scandales administratifs de l'époque. J'ai montré l'administration suscitant des procès au colon pour le dépouiller de terres vendues par elle, soutenant contre lui les indigènes, et payant avec les deniers publics le montant des condamnations desdits indigènes par la Cour de Hanoi et la Cour de Cassation (affaire Marty). J'ai montré ailleurs la même administration se déclarant incapable devant la rébellion de quelques énergumènes tarés, de faire exécuter les arrêts de justice. (Affaire Tartarin etc. etc.) Il est miraculeux que dans de telles conditions la plus grande partie de la population rurale continue à manifester une sincère sympathie à l'égard du colon. A quels magnifiques résultats ne serait-on pas arrivé, si notre administration avait eu une conception plus juste de ses devoirs et n'avait pas trahi les siens ! Là encore elle a obéi à la doctrine du moindre effort. Le colon français était évidemment moins docile que l'Annamite d'autrefois. On avait tout fait contre le colon. Mais aujourd'hui qu'est devenue cette obéissance passive des administrés indigènes ? On commence à regretter en haut lieu qu'il y ait dans l'immense campagne si peu de fermes françaises : Les unes ont été rachetées par l'administration même qui les a distribuées aux Annamites. Elle n'a pas eu à poursuivre cette œuvre extravagante beaucoup de colóns écœurés ont profité du haut cours de la piastre pour vendre leurs terres. La colonisation française au Tonkin a subi un énorme recul dû à la politique française.

C'est surtout en Cochinchine que le nationalisme anti-français affirme un principe assez dangereux pour la bonne entente entre les deux races : Le voici « *Les Annamites « sont chez eux. Les Français ne sont pas chez eux. En s'ins- « tallant même sur des terres vierges, le Français dépouille « donc l'Annamite* ». Je soupçonne M. Perrier, d'après son projet de décret d'avoir fait sienne cette théorie simpliste. Elle n'a qu'une apparence de vérité. Dans les parties les plus vastes et les plus fertiles de l'Indochine, les Annamites ne sont chez eux que dans la mesure où nous sommes chez nous, c'est-à-dire par droit de conquête. Et si ce droit n'existe pas, les Annamites n'ont aucun droit sur des terres qu'il faut rendre à leurs premiers occupants. Si par contre ce droit existe, il est évident qu'il n'y a que la dernière conquête qui compte.

Nous serions donc plus maîtres ici que les Annamites. En tout cas ils ne sont ici que par occupation violente.

Je l'ai démontré ailleurs et cette vérité historique ne peut être contestée. Les monuments du Sud-Annam l'attestent. C'est même depuis notre arrivée en Cochinchine que la population cambodgienne a été chassée par les Annamites de certaines provinces qu'elle peuplait.

Et ce n'est pas le plus beau de notre histoire.

Certes les Annamites n'ont pas à se plaindre de nous. Nous n'avons pas nous cherché à les évincer : C'est ici, en matière foncière, que nous avons fait et que nous pouvons faire une œuvre féconde de collaboration, dont nos protégés seront les premiers à profiter. Ce sont nos Travaux Publics qui ont permis la mise en valeur d'immenses plaines fertiles en Cochinchine. Le même service ouvre aux Annamites comme à nous l'interland moï et laotien. Grâce à nous la valeur et l'étendue des propriétés indigènes ont prodigieusement augmenté et nous offrons à leur développement agricole de nouveaux et immenses espaces en Indochine même, mais dans des parties de la péninsule où ils ne pouvaient pénétrer. Le bienfait Français ne s'arrête pas là. Un peuple comme le peuple d'Annam, qui a vu doubler sa population et qui la verra doubler encore, doit avoir comme toutes les nations prolifiques, une préoccupation d'avenir. En quels pays déverser l'excédent de la population ? Problème redoutable qui passionne le Japon, l'Italie, l'Allemagne, d'autres peuples encore. Pour l'Annamite le problème est résolu, grâce à la collaboration française. Nos vastes colonies sont prêtes à recevoir des millions de colons Annamites. Excellente affaire pour l'Annam comme pour la France, N'est-ce pas que dans ces conditions les Annamites seraient mal fondés à voir en nous des spoliateurs ?

Certes la colonisation agricole de nos protégés doit, encore longtemps, prendre en Indochine une énorme extension. Ce que je voudrais faire comprendre c'est qu'une politique saine ne devrait pas s'attacher à entasser ici même, une fois qu'un peuplement normal sera atteint, quelques dizaines ou centaines de mille Annamites de plus. Il importe peu même pour la grandeur de la nation Annamite, qu'il y ait 31 millions d'Annamites au lieu de 30 millions en ce pays, s'il y a d'ailleurs encore quelques millions d'Annamites sur d'autres points de la terre. Ce qui importe c'est qu'il y ait ici cent mille agriculteurs français au lieu de 4 ou 5.000. Ce n'est qu'à cette condition que l'Indochine restera française, que les autres colonies françaises seront mises en valeur par le peuplement Annamite et que le peuple d'Annam deviendra un des grands peuples de la terre.

La colonisation Annamite ici marche à pas de géant. Il n'en est pas de même de la colonisation Française C'est donc à encourager par tous les moyens cette dernière colonisation qu'un ministre intelligent devrait surtout s'attacher.

Or M. Perrier accable la colonisation française de charges extraordinaires : en même temps qu'il sanctionne et accorde des facilités insolites aux indigènes. En-tête du décret il déclare « *Continueront à être attribuées, conformément aux usages traditionnels et aux textes en vigueur les concessions individuelles de faible étendue accordées aux indigènes ou les concessions collectives plus importantes accordées aux villages existants ou à créer* ». Or quels sont les usages traditionnels auxquels il est fait allusion, ou plutôt quelle est la loi annamite que l'auteur du décret prend dans son ignorance pour un usage ? La voici : Tout Annamite n'a qu'à occuper plus ou moins une terre ou surtout à déclarer qu'il veut en payer l'impôt pour devenir propriétaire dans le sens Annamite (1). Nous sommes loin

(1) D'après la loi Annamite, le droit de propriété était précaire. Les terres en principe appartenaient au roi : et les sujets n'avaient que la jouissance de ces terres, moyennant le payement d'un jour de location qui était l'impôt. On s'explique, dans ces conditions les grandes facilités accordées par la loi indigène pour l'obtention d'une propriété qui était loin d'offrir les garanties de la propriété française, Or, du jour au lendemain, par incompréhension de la réalité, nous avons confondu la pseudo propriété indigène avec la propriété française et nous avons cependant maintenu les trop grandes facilités accordées par la loi annamite à ce qui n'était d'après elle qu'un bail à cens une location.

du fatras de complications qui rendent la colonisation française pratiquement impossible. Cette loi annamite a eu sa raison d'être à une époque où le roi d'Annam voulait rapidement peupler ses nouvelles conquêtes. Elle a favorisé l'empiétement constant du peuple Annamite sur les domaines des autres peuples, ses voisins. Nous n'hésitons pas à déclarer qu'elle ne correspond plus à la situation actuelle. Elle permet par exemple à des individus sans ressources d'occuper dans d'immenses étendues les points d'eau et généralement les meilleures parties, sans lesquelles la mise en valeur du restant est une entreprise mauvaise ou extrêmement difficile... Rappelons aussi que le Roi d'Annam faisait peu de routes. Les grands travaux publics comme les canaux n'étaient exécutés que par prestations. Il importait peu au souverain que la colonisation se développât avec continuité, autrement que par ilots fertiles séparés par de grandes étendues incultes. Les conditions ont changé. Aussi faudrait-il désormais que les colons indigènes comme les autres fussent soumis, pour l'acquisition des terres par voie de mise en culture, à l'autorisation préalable. Bien entendu nous voulons que cette autorisation préalable soit exempte des accablantes formalités so s lesquelles le législateur prétend assommer nos concessionnaires : mais nous le voulons pour ceux-ci comme pour les Annamites. L'enquête devrait pourtant être entourée de suffisantes garanties, car il n'est pas exact de dire que parce qu'il ne s'agit que de 20 ou 30 hectares par exemple, ou de moins, l'autorisation sera sans importance. L'occupation de cette faible surface peut avoir une importance capitale pour la mise en valeur d'étendues beaucoup plus considérables. En outre les Annamites ont pris une douce habitude. Chaque fois qu'un Français désire une concession, on voit surgir de terre, aux points les mieux choisis, quelques chaumières en torchis, cependant que l'araire gratte hâtivement certaines parties faciles Et le colon français se heurte aux prétentions des propriétaires improvisés. Ces prétentions le nouveau décret les sanctionne. A la vérité il ne parle, du moins pour les concessions indigènes individuelles, que de *faibles étendues* (sic). Voilà un terme bien élastique. Le législateur ne se doute pas que la loi annamite n'a pas fait de réserves en matière d'étendue. Et certainement le décret ne saurait infirmer sur ce point la législation indigène.

D'abord parce que le décret est loin d'être explicite, puis parce que son auteur n'a aucune qualité, du moins pour les pays de protectorat, à modifier la loi royale. Au fond le décret ne fera que confirmer les errements actuels, qu'il fallait supprimer après entente avec les gouvernements protégés. De plus ce décret parle de vastes concessions collectives pour villages existants **ou à créer** C'est dire que les collectivités annamites, un certain nombre d'indigènes réunis, se disant animés de la velléité de fonder un nouveau village, peuvent occuper sans débours et sans formalités les terrains qui leur plairont même s'il ne s'agit pas d'étendues qualifiées de faibles.Que dirait-on si les sociétés françaises représentées par un certain nombre d'actionnaires émettent les mêmes prétentions. Ces facilités extraordinaires accordées aux indigènes sont d'autant plus dangereuses que la colonisation française est entravée par les liens multiples d'un formalisme extravagant et que vraiment elle ne peut lutter contre une concurrence aussi favorisée. Certes, il est déjà bien tard pour assurer à la colonisation française une importance numérique indispensable au maintien durable de notre domination. Tout devrait être fait pour réparer les fautes. passées, le temps perdu. Or on veut faire en haut lieu, le décret le prouve, exactement le contraire.

Continuons l'examen des faveurs accordées aux indigènes à nos dépens « *Les plans de colonisation devront spécifier la proportion de terrains libres à réserver tant en vue du développement des villages existants, des cultures ou droits d'usage de leurs habitants qu'en vue de permettre l'établissement de nouveaux autres et de faciliter le cas échéant l'installation sur des terres libres de la main d'œuvre nouvelle. En principe ces réserves ne devront pas descendre au-dessous du quart des terres libres et devraient être plus importantes dans les régions à population dense ou voisines de centres très peuplés.* » Tous les moyens pour refuser la terre aux Français sont bons Les prétextes sont souvent ridicules. Telle est la prétendu nécessité du développement des villages existants. Ces villages ont parfois des siècles. Beaucoup possèdent déjà des réserves, dont durant des séries de lustres ils n'ont pas fait usage. Ils ne feront pas dans l'avenir plus que dans le passé. Il y a bien des villages surpeuplés ; mais ils sont eux-mêmes entourés de villages surpeuplés et ce n'est pas en de telles régions qu'on trouve des terrains disponibles. D'ailleurs, en cas de prévision de surpeuplement quel besoin de réserver des terrains incultes à proximité, en vue de cette éventualité incertaine ! Les rois d'Annam, dont M. Perrier ferait bien d'imiter la sagesse, au moins quand il s'agit de choses d'Annam, s'y prenaient autrement. Quand la ruche devenait trop petite, ils pratiquaient l'essaimage. Un nouveau village se formait, mais il était situé parfois bien loin du premier et dans d'autres provinces. Nul inconvénient pour les émigrants ceux-ci étant leur propre main d'œuvre. Que conclure ? C'est qu'il faut énergiquement écarter du décret tous prétextes faciles de refuser à nos nationaux des terres disponibles. Quand de telles terres sont dans le voisinage de villages datant de plus de 50 ans, quand depuis 10 ans, chiffre maximum fixé pour la mise en valeur des plus vastes concessions, le village n'a pas déclaré de défrichements nouveaux, il n'y a pas à compter avec les prétendues nécessités de son développement.

Les cahiers des charges devront prescrire le respect des coutumes et usages indigènes et exclure des superficies concessibles les emplacements occupés par les tombeaux, immeubles cultuels, affectés à des fondations religieuses. Nous admettons volontiers ces dispositions. Elles existent déjà. Elles ne constituent aucune innovation. Mais le décret ajoute de surprenantes prescriptions : *Il faut encore garantir aux habitants l'usage et le libre accès traditionnels qu'ils possèdent soit sur des parcelles non encore livrées à la culture soit sur les cours d'eau, lacs, étangs, mares, la pêche, la pâture des animaux ou la recherche des joncs, herbes, bois d'œuvre ou de fin et autres sous produits naturels nécessaires à leurs besoins sur les terres non mises en culture ou sur les cantonnements à établir. Les cahiers des charges doivent prévoir qui si dans l'avenir et* **malgré les enquêtes et publications ayant précédé la concession** *la présence d'établissements créés par les habitants antérieurement à la demande vient à être établie le concessionnaire ne pourra évincer les usagers primitifs et devra consentir l'abandon d'une superficie égale sauf à les désintéresser après accord, le tout sans recours contre l'administration (qui elle aura encaissé le prix des terrains et le gardera).* Autrement dit, il n'y a plus de propriété française possible. Que les chemins ou sentiers soient en certains cas grevés d'une servitude de passage, nous le comprenons. Mais il s'agit ici de cas d'espèces que les commissions des concessions ont à connaître. Que d'une façon générale les indigènes puissent circuler librement dans un domaine, sous prétexte de ramasser des joncs ou d'y pêcher la grenouille, c'est inadmissible. Qu'ils puissent faire pâturer leurs troupeaux chez vous, c'est la condamnation de votre cheptel ruminant à la peste bovine à perpétuité. Qu'on réserve aux villages les pâturages nécessaires, les bois nécessaires, c'est trop juste — mais cela doit suffire. Nous arrivons cependant à des dispositions plus odieuses encore. *Les cahiers des charges doivent obligatoirement prévoir que si dans l'avenir et malgré les enquêtes et publications ayant précédé la concession, la présence d'établissements créés par les habitants antérieurement à la demande vient à être établie le concessionnaire ne pourra évincer les usagers primitifs et devra consentir l'abandon d'une superficie égale sauf à les désintéresser après accord, le tout sans recours contre l'administration (qui elle aura encaissé le prix de terrains et le gardera)*. C'est inoui. Ainsi à n'importe quel moment un indigène pourra prétendre que jadis ses ancêtres occupaient une partie de la propriété. Occupation temporaire ou non, il n'importe. Même le fait d'avoir fait un **rai**, c'est-à-dire brûlé la forêt pour y faire une seule fois du paddy, suffirait en principe à constituer un droit. On sait que les *moïs* par exemple changent souvent d'emplacement. Il paraît qu'ils conservent des droits éternels même sur les terres qu'ils quittent sans esprit de retour et qu'ils avaient d'ailleurs occupées sans la moindre autorisation. Et cela parce qu'ils auraient à un moment donné créé un établissement. Mais qu'entend-on par établissement, terme très vague ? Le décret reste vague. Nous savons seulement qu'il ne s'agit pas seulement de propriétaires mais aussi de simples usagers. Ne parlez pas des délais d'enquête. Ne demandez pas pourquoi les prétendus intéressés n'ont pas réclamé en temps opportun. Et pourtant, on connaît la mauvaise foi, l'esprit de chicane des indigènes. Ils vont souvent jusqu'à fabriquer de faux titres pour établir leurs droits de propriété. Et dans l'état de veulerie actuelle de notre administration, même quand ils sont convaincus de cette fraude criminelle, ils ne sont pas inquiétés. Qu'arrivera-t-il s'il s'agit de prouver simplement qu'ils avaient des droits d'usage ? On verra pousser des témoins comme les champignons après une nuit d'orage. L'enquête avait pour but de diminuer les délais de prescription. Or le décret supprime radicalement la prescription ! Nouvelle entorse grave à la loi française. Remarquez que si le colon doit restituer ainsi des surfaces qu'il aura bel et bien payées, l'administration n'y perdra rien. Elle en gardera froidement le prix. Quoi ? Pas même cette fois le remboursement pur et simple ? Rien. C'est encore le vol organisé. Sans compter que lesdites surfaces seront vite considérables. Celles à réserver au profit des indigènes, dont les cultures habituelles auraient été comprises ? ? dans le périmètre concédé, ne devront en aucun cas être inférieures à 3 ou 4 hectares par habitant. Même, n'est-ce pas, si lesdits indigènes n'avaient chacun qu'un dixième de mâu ou moins. Trois ou quatre hectares, c'est-à-dire environ onze maus pour chaque indigène ? Mais dans certaines provinces c'est à peine si on compte un quart de mau par habitant. Enfin que signifie la fixation d'un chiffre arbitraire en pareil cas ? Si les indigènes ont des droits, plus ou moins contestables sur un terrain tout ce qu'ils peuvent demander c'est qu'on leur rende la totalité de ces droits. Le législateur veut encore qu'ils puissent y gagner et d'ailleurs dans d'énormes proportions. De telles dispositions créent le chantage à jet continu.

Je n'en finirais pas si je voulais citer toutes les dispositions qui mettent notre colonisation en infériorité manifeste vis-à-vis de la colonisation indigène. Je rappellerai cependant qu'un nouvel arrêté vient de créer le crédit populaire agricole en faveur des indigènes. Pourquoi nos nationaux sont-ils exclus des bénéfices de la nouvelle institution ? Il est hors de doute qu'en la créant, Varenne s'est inspiré de mes propositions, formulées en 1925. J'avais démontré que des banques provinciales, dirigées par des techniciens qui pourraient apprécier la valeur « homme » connaître les travaux exécutés dans chaque concession, pouvaient servir admirablement la cause de la colonisation française, et réaliser en même temps de beaux bénéfices. La banque d'émission qui aurait contrôlé les banques provinciales aurait pu, moyennant certaines dispositions leur fournir toutes les sommes nécessaires sans risques mais aussi a très bas prix. Hélas ! M. Varenne n'a vu là que l'occasion d'une réclame facile en faveur de sa politique indigène. Rien n'a été fait pour aider les Français, *du moins administrativement.*

§ VII — Dangers politiques du décret

Ce décret paraît dirigé contre les seuls colons français. Cependant il expose l'Etat à des dangers politiques. Ainsi l'article 6 prescrit : *ne peuvent être concessionnaires que les citoyens sujets ou protégés français ou étrangers ayant servi sous les drapeaux français.* Certes j'aime bien en général nos braves légionnaires. Pourtant il leur est si facile une fois libérés de se faire naturaliser français que, s'ils ne le font pas cela prouve qu'ils n'aiment guère notre pays. Non que ceux-là m'inquiètent beaucoup, mais peut-on oublier que pendant la guerre on a vu une foule de métèques s'embusquer dans les bureaux de l'arrière ? Certains hantés par la vision d'une promenade matinale aux fossés de Vincennes, avaient trouvé, par un engagement de tout repos pendant la durée des hostilités, à prouver leur ardent loyalisme. Ils purent échapper ainsi à l'œil perçant du Tigre. Est-ce à quelques-uns de ces héros que le législateur a pensé ? Je n'en serais pas surpris. Car on se demande avec angoisse quels sont les rédacteurs qui ont pu élaborer le projet de M. Perrier ? La sagesse est donc de rayer comme par le passé les étrangers de la liste des concessionnaires possibles, même s'ils ont servi sous nos drapeaux. Certes il y a des étrangers que je voudrais voir accueillis ici comme chez eux : les Belges par exemple, qui ont si noblement souffert pour la cause commune. Mais si on accepte les Belges, il faudra bien accorder les mêmes faveurs aux Italiens par exemple. Un gouvernement qui permet aux sujets de M. Mussolini de coloniser en masse le Sud de la France ne saurait voir le moindre inconvénient à leur livrer l'Indochine. Nous sommes ici d'un autre avis. Le fameux principe du droit des peuples à disposer d'eux-mêmes nous a porté à une extrême défiance à l'égard des Italiens qui avouent leurs intentions de remanier la carte du monde, suivant les besoins de leur natalité, et qui pourraient former très vite ici une majorité européenne. Je ne suis pas non plus partisan, je l'ai dit déjà de la limitation à 30 années de l'interdiction de vendre à des étrangers. Trente ans, un gouvernement doit voir plus loin. *Enfin le projet prévoit que pour l'octroi de concessions gratuites supérieures à 50 hectares, le cahier des charges devra édicter des règles de nationalité.* C'est-à-dire implicitement que des concessions gratuites de 50 hectares et au dessous pourront être accordées à des étrangers. Cela peut nous mener loin. Je ne parle pas seulement d'une masse d'émigrants italiens qui se contenteraient fort bien de 49 hectares chacun. Mais il n'y a pas qu'une invasion Européenne qui soit à craindre. Il faut compter aussi avec les Chinois que le Roi d'Annam n'a pourtant jamais voulu autoriser à posséder des terres. Ceux-là seuls pourraient accaparer les terres indochinoises, et exproprier les indigènes. Et ce serait probablement assez vite fait. Les Chinois sont déjà plus de 500.000 en Indochine. S'ils apprennent qu'ils peuvent obtenir chacun 49 hectares en concession, ce sera une véritable invasion. D'autre part si on leur accorde des terres en concession, comment pourrait-on leur interdire légalement d'acheter d'autres terres à leurs propriétaires. On connaît les procédés insinuants du Chinois à l'égard de l'Annamite. Le second est sans défense contre le premier. Singulière protection que celle de M. Perrier. Nous aurions aussi, sur certains points, à faire aux Siamois. Je sais bien que le dernier traité leur accorde les mêmes droits qu'aux Français, ce qui est un comble. Il est douteux cependant qu'ils osent s'en prévaloir pour de grandes concessions, bien qu'il faille s'attendre à tout. Mais ils pourraient profiter du nouveau décret et précisément dans des régions où ils seraient indésirables, pour accaparer les terrains à coups de 50 hectares. La conclusion très nette est qu'il n'y a pas lieu de modifier la législation existante en ce qui concerne les étrangers.

§ VIII — Les pays de protectorat sacrifiés

Le nouveau décret établit une différence sensible entre la Cochinchine et les pays de protectorat. Nous sommes dotés en ces derniers pays de commissions dites de Colonisation et dont les attributions sont extrêmement importantes. Elles sont appelées en effet à donner leur avis sur toutes les questions intéressant la colonisation : notamment *l'octroi des concessions, le régime d'ouverture ou de fermeture des régions à la colonisation, les allotissements etc. etc. Or ces commissions sont uniquement composées de fonctionnaires à l'exception de deux délégués des Chambres d'Agriculture, l'un français l'autre annamite.* Le nombre des représentants des colons est incontestablement beaucoup trop faible. Par contre en Cochinchine les attributions de ces commissions sont dévolues au Conseil Colonial, uniquement composé d'élus. Nous sommes donc sacrifiés. Des assemblées locales doivent suivant la solennelle promesse qui nous a été faite, être instaurées dans les pays de protectorat ou elles tiendront la place du conseil colonial en Cochinchine. C'est à ces assemblées que devraient être confiées les attributions des commissions de Colonisation, par analogie avec ce qui se passera en Cochinchine. En attendant, **les commissions de colonisation devraient, par la même analogie, être uniquement composées des élus qui existent en pays de protectorat.** On les recruterait pour la plus grande partie dans les Chambres d'Agriculture, le restant comprendrait des membres des Chambres de Commerce et les Délégués au Conseil Supérieur. Organisation logique et des plus faciles.

§ IX — La prétention du gouvernement métropolitain de se réserver l'octroi des concessions supérieures à 4000 hectares.

On s'imagine que ces concessions seront exceptionnelles. Il n'en serait ainsi que s'il s'agissait de l'attribution de concessions formant à elles seules plus de 4000 hectares. Mais voici que les concessions s'additionneront. Le propriétaire d'une ou plusieurs concessions *même définitives* formant réunies 3500 hectares par exemple, verra sa demande soumise au ministre s'il demande six cents hectares de plus. On peut aller jusqu'à prétendre que les concessions déjà accordées avant le décret et même à titre définitif compteront dans ce calcul. Disposition injuste, la loi ne pouvant pas avoir d'effet rétroactif. Le décret n'a cependant pas la prétention d'obliger un concessionnaire déjà pourvu de 16000 hectares à en rendre mille. Par analogie il ne saurait se prévaloir de la superficie possédée par un concessionnaire pour le soumettre à une juridiction dont le moins qu'on puisse dire est qu'elle sera extrêmement lente, alors que s'il n'avait encore rien possédé il aurait bénéficié de la juridiction locale. Le décret est muet sur ce point, mais il est conçu dans un esprit qui permet de redouter toute interprétation du texte. Il faut s'attendre au pire. Cependant de quel droit le gouvernement français se permet-il d'octroyer ou de refuser des concessions en Annam ou au Tonkin par exemple ? C'est une violation très nette du traité de 1884. Le Roi d'Annam restait maître de son domaine. L'ordonnance royale de Septembre 1897 délègue bien les pouvoirs royaux, mais à qui ? Au Gouverneur Général seul et non au gouvernement métropolitain. En distribuant le domaine annamite le bon M. Doumergue commettra donc un excès de pouvoir et ses actes de ce chef seront nuls. Voilà pour le droit. En fait on peut s'attendre avec l'attribution des concessions par le gouvernement métropolitain à de beaux scandales qui rappelleront les exploits de la Ngocko Shangha et de quelques autres sociétés africaines du même acabit. Ce sont les pauvres colonies qui finalement payent les frais des erreurs ministérielles. Cette prétention du gouvernement métropolitain de vouloir toucher a tout, intervenir même dans les actes de gestion courante qui concernent les colonies, est un grave danger. Nous avons vu qu'avant de pouvoir prendre une décision sur l'octroi d'une concession le ministre est obligé de s'entourer d'une foule d'avis. Quel merveilleux prétexte à interminables retards. Et les prétextes ne sont même pas nécessaires. Une question aussi capitale que le privilège d'émission reste pendante depuis 10 ans et de ce fait le gouvernement métropolitain comme l'Indochine perdent des millions par dizaines. Peut-on attendre plus de hâte quand il s'agira de vulgaires requêtes de concessionnaires ? Et ne sait-on pas ce qui est arrivé pour les mines françaises ? Les dossiers durant des années feront la navette entre le gouvernement de l'Indochine et la rue Oudinot. Même pour des concessions dans la métropole, la procédure est interminable. Au moment de la guerre on s'aperçut avec douleur que depuis 20 ou 30 ans, parfois plus, des demandes d'ouverture de mines sur le territoire français et dont on aurait eu grand besoin pour la défense nationale, sommeillaient dans les cartons ministériels. Pareil sort attend inévitablement, a fortiori, nos demandes de concessions, et M. Poincaré devrait le savoir.

Conclusion

M. Poincaré le sait. Mais la vérité est qu'il ne veut aucun bien à la colonisation française en Indochine, ni même ailleurs, peut-être. Ce serait faire tort à l'intelligence de notre premier que de croire à sa sincérité. L'interpellation Outrey ne pouvait susciter chez lui aucune indignation contre les colons.Mailhot était une exception, et tout ce qu'on pouvait condamner c'est la pratique du bail emphytéotique dans des conditions qui constituaient, en raison de l'importance du bail une innovation en faveur de l'ami de Varenne. Le reste de la législation indochinoise était inattaquable et la Commission d'enquête a dû en convenir. L'affaire Mailhot ne fut pour Poincaré qu'un heureux prétexte. On sait qu'il est l'homme d'une seule idée et même comme je l'ai prouvé à propos d'Angora que son patriotisme est à compartiments étanches. Il peut être patriote intransigeant sur la Rühr, au moment précis où il ordonne à notre armée victorieuse de capituler devant les Turcs déconfits (1). Au moment de l'affaire Mailhot, M. Poincaré ne songeait qu'au relèvement du franc. Or pour cela l'argent devait rester en France, servir à acheter des bons du Trésor ; et voilà qu'un fleuve d'or coulait vers l'Indochine. Il fallait confisquer ce Pactole et dans ce but arrêter la mise en valeur des terres indochinoises. C'est ce qui a été fait. Mais les mêmes causes subsistent. Le franc n'est pas près d'être revalorisé : les besoins du trésor français demeurent

(1) Il faut lire à ce sujet le livre de M. Gontaut-Biron.
L'armée française n'évita que par la rebellion la honte d'une capitulation en rase campagne. Nos soldats purent conserver leurs armes victorieuses. Néanmoins M. Poincaré n'a pas pour rien une réputation d'énergie. Il tenait, de sa propre autorité, à transformer notre victoire en défaite. Il y réussit. D'autres armes et des centaines de chevaux furent envoyés de France pour être remis aux Turcs. Ceux-ci sans nôtre défection étaient perdus. Nous nous comportâmes en mauvais alliés et en mauvais Européens. On sait ce que nous y avons gagné. Le particulier mépris des Turcs, l'effondrement de l'Œuvre Française en Orient. Néanmoins, nul ne met en doute le patriotisme du Grand Lorrain.

graves et préoccupent toujours M. Poincaré. Notre Premier verrait avec douleur la reprise du grand mouvement de colonisation.

Le projet de décret n'a été inspiré que par cette étroitesse de vues. La conclusion de mon étude peut donc se résumer ainsi :

1° Le prétexte d'empêcher la spéculation n'existe pas : cette spéculation est rendue impossible par les dispositions légales qui existent déjà et qu'il faut maintenir.

2° Les mesures contre l'accaparement n'ont pas de raison d'être. On y a renoncé en matière de mines, et il n'y a pas eu d'accaparement. Il serait funeste et absurde de demander à des personnes ou à des sociétés qui auraient mis 15000 hectares en valeur de se croiser les bras. Toutefois, dans le but de répartir dans tous les pays de l'Union l'effort colonisateur, et de lui donner des garanties précieuses en cas de catastrophes localisées, on pourrait décider que la surface maxima, pour un seul concessionnaire serait de 15000 hectares. Mais dans chacun des pays de l'Union. Ce serait fort raisonnable ; car si ces pays ont entr'eux certains liens administratifs et budgétaires, ils constituent en fait des colonies différentes. La Cochinchine est purement française. Le protectorat du Tonkin est beaucoup plus étroit que celui de l'Annam. Il est radicalement distinct de celui du Cambodge. Le statut du Laos ne ressemble à aucun autre, non plus que celui du territoire à bail de Kouang-Chéou-Wang. Les mœurs, les habitants, les cultures diffèrent. Tous sont pays sont autant de colonies distinctes. Enfin nous comprenons qu'on ne puisse obtenir que 15000 hectares ou même 10000 en concession provisoire, nous ne comprendrions pas que sous prétexte qu'on a mis en valeur 15000 hectares de brousse on soit devenu légalement incapable désormais de défricher un seul hectare. Est-ce donc là cette politique annoncée à Bordeaux et qui entend intensifier la production ? Il faut donc décider que les surfaces mises en valeur et accordées à titre définitif ne compteront pas pour la limitation. Une société ayant 15000 hectares a-t-elle mis en valeur 6000 hectares ? elle pourra en demander 6000 de plus. Ce sera une prime à l'activité que le projet de décret paralyse. Enfin, chose étrange, le projet ne prévoit aucune mesure transitoire. Pourtant les concessions déjà accordées avant le décret ne doivent pas compter pour les limitations, et il serait bon de le dire. De même en bonne règle, le décret ne devrait pas être appliqué aux concessions demandées avant sa promulgation.

3° Il résulte de mon étude que la colonisation française se trouve déjà en état d'infériorité relativement à la colonisation indigène et le décrét ne fait qu'aggraver lourdement cet état d'infériorité. Il est évident que les indigènes auront toujours sur nous des avantages sérieux mais qu'on ne peut leur enlever : ils ont pour eux le nombre, le fait qu'ils opèrent sous un climat auquel ils sont habitués etc. Nous aurions besoin d'une véritable protection. Nous n'en demandons pas tant. Nous ne demandons que l'égalité devant la législation.

4° Le décret institue une procédure qui rend inévitables d'extrêmes lenteurs dans des questions ou toute la célérité possible serait désirable. J'ai énuméré les exigences excessives, souvent illégales qu'on prétend nous imposer. Il faut qu'elles soient supprimées.

Nous ne voulons pas ici de lois d'exception. Nous voulons enfin que les propriétés que nous aurons acquises par notre labeur soient conformées au statut de la propriété française. Nous n'acceptons pas, pour flatter une certaine politique ennemie de la propriété, des droits amoindris.

5° Il faut aussi que le gouvernement métropolitain renonce à s'emparer du droit d'octroyer des concessions, car cette prétention est un abus de pouvoir une violation du traité et une insulte à la raison. Il faut que le droit en question reste à celui que les souverains protégés ont choisi eux-mêmes, au Gouverneur Général.

6° Enfin Français et voulant que cette terre reste française nous avons mis en garde le législateur contre certains périls, offrant ici aux étrangers des faveurs qu'ils n'ont jamais eues et qu'ils ne paraît pas opportun de leur octroyer sans que même, à notre connaissance, ils les aient demandées.

C'est de Français qu'il s'agit de peupler l'Indochine. Nulle préoccupation ne devrait s'imposer plus impérieusement à l'esprit de nos gouvernants.

Le décret tendrait à établir qu'ils ont précisément le souci contraire. Si bien qu'en entreprenant cette étude je me demandais s'il en valait la peine et si ce n'était pas faire preuve de naïveté. A quoi bon lutter contre une mauvaise volonté déclarée, quand ce sentiment est celui des maîtres de l'heure, qui ne reculent pas, ils nous l'ont prouvé, devant tous les abus de l'autorité ? Cependant il n'est pas mauvais de mettre en lumière les violations du droit, les abus de pouvoir et la politique de malveillance systématique dont nos compatriotes sont ici victimes. Car peut-être finirons-nous pas nous lasser de ce rôle. Peut-être arriverons-nous à nous souvenir en bons républicains, de ce que la déclaration des Droits de l'Homme nous recommande comme le plus sacré des devoirs.... Et peut-être alors verrons-nous enfin en Indochine une politique française.

MONPEZAT

Errata :

Page 5. — Nous avons écrit page 5 *« Même en Cochinchine où un « effort Français exceptionnel a été réalisé durant ces dernières années, « sur près de 900.000 hectares de concessions récentes, les Annamites en « possèdent les cinq sixièmes ».*

Nous étions fort au dessous de la vérité... Nous avons pu nous procurer des chiffres officiels. Pour la Cochinchine, la superficie des terres nouvelles mises en valeur a été :

En 1926
243.534 hectares par les Français
2.081.725 hectares par les Indigènes
En 1927
279.483 hectares par les Français
2.131.000 hectares par les Indigènes

Ainsi la colonisation française, au moment où elle donnait son maximum, ne dépassait guère par rapport à la colonisation annamite le rapport de un à dix. Les deux colonisations ont porté sur les terrains accordés avant le jour néfaste où M. Poincaré a éprouvé le besoin d'arrêter net l'admirable effort de mise en valeur du pays. On voit aussi combien sont peu fondées les mesures projetées par M. Perrier contre le prétendu accaparement des terres par nos nationaux. Ils auraient besoin d'être protégés. On entend les accabler.

Page 20. — « Ils apportaient des capitaux, des buffles, des semences, des armes, **Son** installation... »
Lire : « **Leur** installation... »

Page 23. — Au renvoi au lieu de « le payement d'un **jour** ».
Lire : « le payement d'un **prix** »

Page 26. — Au lieu de « bois d'œuvre ou de **fin** »
Lire : « ou de **feu** ».

Même page. — Supprimer entièrement la phrase commençant par ces mots « *Les cahiers des charges doivent prévoir que si dans l'avenir « et malgré les enquêtes etc. etc.*

Cette phrase est en effet répétée à la page suivante, où est sa vraie place.

Page 34. — Au lieu de « Tous **sont** pays sont autant de colonies ».
Lire : « Tous **ces** pays etc... »

Page 35. — Au lieu de «... les propriétés que nous aurons acquises « par notre labeur soient **conformées** au statut... »
Lire : « **conformes** au statut ».

H. M.

Rien n'est comparable à la souplesse et à l'agrément de conduite de la

9 C. V. PEUGEOT !

DOUCEUR.

CONFORT..

SILENCE...

Chassis 1200 kgs Peugeot

Chassis Rochet-Schneider 1500 kgs et 2 tonnes

Les carrosseries les plus variées
habillent de leurs silhouettes impeccables
aux nuances délicates

le nouveau chassis de la

9 C. V. PEUGEOT type 1928 !!

MAGASIN D'EXPOSITION ET DE VENTE

GARAGE CH. BOILLOT

1, RUE PAUL-BERT

ANZIANI

Transitaire

78, Boulevard Gia-Long

HANOI

C. CASABIANCA

Sellerie - Cordonnerie
Réparations

PRIX MODÉRÉS

52 bis, Rue Paul Bert — HANOI

La Volonté Indochinoise

JOURNAL QUOTIDIEN

Rue de Beylié N° 16 — HANOI

Directeur propriétaire
Rédacteur en chef } **Henri de MONPEZAT**

Délégué de l'Annam
au Conseil Supérieur des Colonies

Nombreux collaborateurs

Toutes les questions intéressant l'Indochine Française sont traitées avec une indépendance absolue.

Les campagnes de **La Volonté** *ont été sensationnelles.*

La documentation s'y est révélée impeccable.

La vérité y apparaît toujours sans voiles.

Trente deux ans de présence dans la colonie, vingt six ans d'exercice d'un mandat public conféré par le suffrage universel, garantissent l'expérience du directeur de la **Volonté Indochinoise.**

La **Volonté Indochinoise** *ne connaît pas de compromissions.*

La **Volonté Indochinoise** *n'est pas, comme tant d'autres, le Journal d'un consortium uniquement préoccupé de servir des intérêts particuliers.*

La **Volonté Indochinoise** *est le journal d'un seul homme, qui ne dépend lui-même que de ses électeurs et qui n'a dès lors à se dévouer qu'à l'intérêt général.*

La **Volonté Indochinoise** *défend sans haine et sans crainte l'œuvre française inséparable de l'idée de justice.*

Elle soutient toutes les causes équitables.

Elle ne se gêne jamais pour dire la vérité aux puissants.

Elle poursuit ici une œuvre indispensable d'assainissement public.

Sa politique indigène est toute de libéralisme, mais de libéralisme sans faiblesse, dans la mesure où la souveraineté française, indispensable au progrès du peuple indigène, demeure respectée.

Voulez-vous vous associer à cette œuvre de justice, de vérité, de patriotisme, d'humanité ?

Abonnez-vous à la **Volonté Indochinoise.**

www.ingramcontent.com/pod-product-compliance
Ingram Content Group UK Ltd.
Pitfield, Milton Keynes, MK11 3LW, UK
UKHW020451180726
13839UKWH00004B/1761